LIDERAZGO
y CONSORCIOS

J A P É R E Z

Liderazgo y Consorcios

Keen Sight Books

Puede encontrarnos en la red en: www.KeenSightBooks.com
Reportar errores de imprenta a errata@keensightbooks.com

ISBN: 978-1-947193-03-1

Printed in the U.S.A.

*este manual es dedicado a todos los
líderes que laboran con nosotros
en nuestra querida América*

Contenido

Esta literatura

Esta serie intenta comunicar al alumnado, doce columnas básicas elementales, necesarias para establecer los fundamentos sólidos sobre los cuales reposa el liderazgo sano.

No son éstos los únicos principios o conceptos que regulan la formación de un líder, sin embargo, estas doce áreas cubiertas en el libro, establecerán una buena base sobre la cual edificar.

Misión de la *Escuela de Liderazgo Internacional*

Levantar, equipar y enviar líderes de estatura, probados y consagrados, con visión global —listos para sentarse a la mesa con aquellos que moldean culturas, influyen decisiones y diseñan las ideas que dirigen el curso de vida en sus respectivos países.

¿Cómo lo hacemos?

A éstos procuramos proporcionar principios culturalmente sensitivos en un contexto internacional y ésto en sesiones exclusivas —todo en un marco de tiempo que líderes realmente ocupados pueden manejar.

Impacto a largo plazo

Líderes se han de formar con una mentalidad de impacto a largo plazo. Asegurando que la experiencia adquirida por los mismos se transmita de manera exponencial, a medida que se comprometen a influir a otros líderes y comunidades.

1

Liderazgo y Consorcios
Colaboración —el arma del futuro

El poder de la colaboración

Fue el día 15 de Marzo del año 2009 cuando llevé a mis hijos al parque de béisbol en nuestra ciudad de San Diego en California para ver el juego entre Japón y Cuba. Era la serie mundial de los clásicos y nosotros estábamos muy emocionados. Para nosotros en San Diego este tipo de experiencias no son muy comunes. No es algo que sucede todos los días.

Para un cubano, el deporte del béisbol es muy importante. En nuestra pequeña isla en el Caribe, recuerdo cuando era aún niño que cuando a una familia le nacían hijos, el primer regalo en la cuna era una pelota o un guante de béisbol.

De pequeño aun nos decían que los cubanos habíamos inventado este deporte —algo que cuando pasaron los años pude darme cuenta que no era cierto. Pero como usted sabe, cada pequeño país escribe sus propios libros de historia. Yo he servido en misiones en varios países de América Latina, y veo este patrón. Por ejemplo, he estado en tres países donde me han dicho que ellos inventaron el chocolate. ¿A quien le creo?

Pero bueno, regresando al béisbol, usted puede darse cuenta lo importante que el juego es para un cubano.

¡Busca la gloria!

He leído bastante sobre el tipo de juego que practican los japoneses. Admiro la manera en que sus lanzadores pueden tirar poderosa submarina, pero sobre todo, siempre me ha intrigado la manera en que juegan en equipo. Realizan un juego muy técnico y muy elemental, con jugadas muy estratégicas, donde un jugador está dispuesto a sacrificar su average de puntos con tal de impulsar a un compañero de equipo de primera a segunda base. ¡Qué concepto tan tremendo... trabajo en equipo!

No es así en Cuba. No señor. En la isla se juega otro tipo de juego. En teoría, sí, el concepto de sacrificar el average de un jugador por avanzar una jugada, está en los libros, pero no con la misma intensidad en la práctica. En la isla se alaba el concepto de "ir por la gloria".

Cada vez que tengas la oportunidad de ir al bate, trata de pegarle fuerte a la bola, si es posible, trata de pegar un homerun. Pégale duro a esa bola hasta que salga del parque y tendrás tu foto en la página del frente en el periódico del día siguiente. ¡Sé el mejor! ¡Sé el número uno!

Pude ver claramente y con tristeza que en el juego contra Japón, el equipo de Cuba no tenía estrategia. Cada jugador estaba tratando de pegar su homerun. Cada uno estaba jugando por su propia gloria. No había trabajo de equipo.

Por otro lado, Japón jugaba en equipo. Mostraban humildad. Ninguno estaba tratando de ser mayor que su compañero y como resultado, el juego terminó seis carreras a cero, a favor de Japón.

2

¡No es el trabajo de un solo hombre!

Creo que el estilo de juego que tiene el equipo de Japón, representa bien el espíritu de lo que debe ser para nosotros trabajar en equipo.

La necesidad de ser reconocido, halagado, respetado y de recibir menciones, es probablemente el enemigo más grande de una aventura colaborativa.

La idea de un ungido, un iluminado, sentado al centro de un trabajo de colaboración se encuentra en directo contraste con los principios de colaboración exitosa.

Es entonces que el morir a nosotros mismos y a nuestros intereses es uno de los requerimientos más importantes necesarios para que un trabajo de colaboración funcione.

No debemos confundir esto con la necesidad de un director y el orden de autoridad. En cada esfuerzo colaborativo debe haber un director, una cabeza. Alguien tiene que diseñar el modelo de trabajo y ser responsable por los resultados. Orden, disciplina y estrategia, necesitan buen liderazgo tal como en el juego de béisbol se necesita un líder de equipo.

Sin embargo, es interesante que en el béisbol, rara vez verás al manejador del equipo dentro del cuadro. Podrás verle venir a hablar con el lanzador en un momento de crisis, o cuando tiene una desición importante que hacer. Pero por lo regular, el manejador se mantiene dentro del dugout, asegurándose que todo se haga de acuerdo al plan. En el béisbol, el líder no es la estrella del equipo. Su trabajo es promover a otros y estar seguro que sus dones y talentos brillen durante el juego y que al final, el equipo colectivamente celebre la victoria.

Colaboración al centro

A continuación compartiré principios que hacen que un consorcio sea fructífero.

3

Colaboración es basada en generosidad

Muchos buscan el favor del generoso, Y cada uno es amigo del hombre que da.

Proverbios 19:6

Cuando líderes crecemos en estatura y madurez, y tomamos el papel de mentores es importante que tomemos menos espacio y permitamos que la nueva generación entre y tome cargos más claves, aunque lograr esto tomará más que palabras.

Será necesario que compartámos nuestras oportunidades con otros, que compartámos las relaciones establecidas durante años y abrámos nuestras plataformas para los más jóvenes.

Generosidad (también llamada largess o largesse) es el hábito de dar sin esperar algo a cambio.

El misterio de la generosidad:

Si observas generosidad con ojos humanos, pensarías que al dar algo pierdes —posición, reconocimiento, recursos. Y sí, verdadera generosidad consiste en dar sin esperar algo a cambio, sin embargo, Dios que es justo y está al tanto de tu bienestar, siempre recompensa al dador en maneras que no se pueden explicar naturalmente.

Pero esto digo: El que siembra escasamente, también segará escasamente; y el que siembra generosamente, generosamente también segará. 2 Cor 9:6

4

Colaboración es basada en reciprocidad

Reciprocidad: Es el intercambio mutuo de privilegios. Dependencia mutua[1].

No tendremos una colaboración efectiva sin practicar reciprocidad, pues es por medio de reciprocidad que podemos asegurar que nuestra contribución colaborativa sea equitativamente valorada.

Reciprocidad es considerada como un tipo de comportamiento pro-social (otro sería altruismo) por medio del cual, personas trabajando recíprocamente atraen a otros del mismo pensamiento o inclinación[2].

Aquí incluyo algunas características de verdadera reciprocidad:

• Puede envolver a dos personas o más (o grupos)

• Hay expectación de que el intercambio sea justo

• Participantes corren el riesgo de dar y no recibir de parte de aquellos que quieran aprovechar la oportunidad para tomar ventaja

• Confianza es importante para establecer y mantener arreglos recíprocos

Colaboración por medio de reciprocidad es más evidente en proyectos grandes.

Beneficios de la reciprocidad

Dos personas colaboran en un proyecto y ambos tienen diferentes talentos o recursos a la mesa.

Por el hecho que los talentos son diferentes, ambos cubrirán diferentes necesidades dentro del proyecto. De esa manera ambos ganan, pues uno se beneficia de lo que tiene el otro.

Reciprocidad versus Favor

Reciprocidad no es lo mismo que favor. Cuando haces un favor, beneficias a otros sin recibir algo a cambio. Esto es pura dádiva, y sí, este tipo de altruismo es necesario y noble en cualquier tipo de proyecto, pero reciprocidad (cuando hay beneficio a cambio) también tiene un lugar importante cuando se trata de colaboración.

Reciprocidad asegura que todos las personas o entidades envueltas reciban dividendos inmediatos en la inversión.

Es importante tener un modelo de trabajo que permita que todos se sientan valorados por su contribución.

Ésto es, no solamente imperativo en nuestro clima de trabajo, también contribuye a la sustentabilidad de toda aventura recíproca.

Reconocimiento

Expresar el valor de lo que alguien aporta a un trabajo colaborativo puede ser en forma de reconocimiento por la contribución y muchas veces un simple gesto de agradecimiento entregado en privado o públicamente logrará el objetivo.

Debemos asegurarnos que todas las personas en relaciones de trabajo recíprocas se sientan inter-conectadas. Esto maximiza el fluir en colaboración recíproca. Esto es porque el intercambio intencional que se crea estimula continua actividad.

5

Colaboración es trabajo colectivo

Apoyo mutuo

Trabajar en contornos solitarios puede ser contraproductivo.

Necesitamos el apoyo, las observaciones, los consejos, y aún la crítica constructiva de otros. Estos operando juntos producen crecimiento personal de quienes colaboran y levanta el nivel de calidad en cuanto a fin que se quiere lograr.

Cuando trabajamos juntos, nos esforzamos por entendernos mutuamente y nos identificamos con otros.

Compartiendo la responsabilidad

Cuando la responsabilidad es compartida, esto minimiza la carga sobre los miembros individuales de un equipo o proyecto.

Ésto también hace que todo se haga en un ambiente saludable con menos presión individual, o presión compartida.

La presión compartida produce enfoque y unidad en los miembros del equipo o proyecto.

Compartiendo la carga emocional

En proyectos grandes en especial los niveles de stress pueden subir considerablemente. La gran responsabilidad puede gastar emocionalmente a aquellos que están a la cabeza.

Tener un equipo trabajando unido con un propósito es la clave para que exista estabilidad emocional en aquellos que toman más decisiones. A veces, una simple palmada en la espalda o una simple palabra de aliento es todo lo que toma para traer a alguien bajo mucha presión a un balance emocional sano.

Todos necesitamos saber que no estamos solos en cualquier tipo de proyecto.

Referencias:

1- Merriam-Webster Dictionary © 2015 Merriam-Webster, Incorporated.

2- Collaboration and reciprocity. Dr Dee Gray Training Journal. Published February 1, 2013.

Plan de Trabajo

Medite en lo leído y use los espacios debajo para completar su tarea.

Si usted ha usado la versión digital de este material y lo ha tomado como curso, puede someter las respuestas electrónicamente para calificación a la siguiente dirección:

eli@japerez.com

Incluya en su correspondencia:

    1- Título de este manual

    2- Su nombre y apellidos completos

Alternativamente lo puede enviar por correo tradicional a:

Escuela de Liderazgo Internacional

P.O. Box 211325

Chula Vista, CA 91921 U.S.A.

¿ Cuál es el enemigo más grande de una aventura colaborativa?

¿Cuál es la definición de *reciprocidad*?

¿Cuáles son los beneficios de *reciprocidad*?

¿Cuáles son los beneficios de compartir responsabilidad?

¿Cómo se asegura la estabilidad emocional de un líder?

Principios aprendidos en este manual:

_____

_____

_____

_____

_____

_____

_____

_____

Textos o frases a memorizar:

_____

_____

_____

_____

_____

_____

_____

_____

_____

_____

Ajustes que debo hacer a mi manera de pensar:

_____

_____

_____

_____

_____

_____

_____

Otras notas:

_____

_____

_____

_____

_____

_____

_____

_____

_____

_____

Formando líderes con mente de reino

Con más de treinta y cinco años de ministerio, y una reconocida trayectoria internacional, que incluye estrechas relaciones con economistas, dignatarios y aquellos que moldean las culturas presentes en las naciones, el autor ha mostrado ser una autoridad en la materia de formar líderes.

Escritor, humanitario, moldeador de culturas y precursor de movimientos de cosecha en América Latina. Su mensaje atraviesa generaciones, culturas y naciones. Ha escrito varios libros y asiste a intelectuales, así como a iletrados, en la adquisición de destrezas esenciales y soluciones pragmáticas para comunicar esperanza con valentía en entornos complejos, y a veces hostiles.

Sus concentraciones masivas y misiones humanitarias han atraído grandes multitudes durante años guiando a miles a una relación personal con Jesucristo.

Él, su esposa y sus tres hijos, viven en un suburbio de San Diego en California, desde donde se coordinan todos los eventos de la asociación que lleva su nombre.

Trabajo de JA Pérez con líderes de Latinoamérica
Cuando una ciudad o provincia es impactada, con
frecuencia gobernantes y líderes nacionales —senadores
y congresistas— asisten al evento y reconocen el
movimiento, pero los frutos mayores del proyecto
completo son las miles de vidas que son transformadas
por el poder del evangelio. Ese es el principal propósito
de todo — comunicar las buenas noticias de Cristo.

Líderes con visión global
Los líderes que equipamos
en las Américas, son quienes
sostienen y dan seguimiento
a movimientos de cosecha
cada vez que concluye un
proyecto a nivel ciudad. Ya
equipados para comunicar
el evangelio de una manera
relevante y culturalmente
sensitiva, estos corren con la
comisión de hacer discípulos
en cada generación y grupo
étnico en todas las esquinas
del continente.

Otros libros por JA Pérez

JA Pérez ha escrito más de 50 libros y manuales de entrenamiento. Todos sus libros están disponibles en Amazon.com así como en librerías y tiendas mundialmente. Libros con temas para la familia, empresa, liderazgo, economía, profecía bíblica, devocionales, inspiracionales, evangelismo y teología.

Serie Líderes

Esta serie está compuesta por doce manuales, con ejercicios y espacios para notas y tareas, de manera que el alumnado pueda recordar y poner en práctica cada uno de los principios aprendidos.

Los principios comprendidos en estos doce manuales también se encuentran en el libro *12 Fundamentos de Liderazgo* para ser usado en lectura regular.

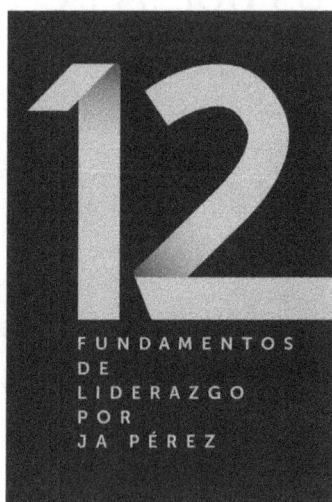

12

FUNDAMENTOS
DE
LIDERAZGO
POR
JA PÉREZ

LIDERAZGO
IRREVOCABLE

J A PÉREZ

LIDERAZGO
INTELIGENTE

J A PÉREZ

LIDERAZGO
y CONSORCIOS

J A PÉREZ

LIDERAZGO
y GOBIERNOS

J A PÉREZ

LIDERAZGO
PRODUCTIVO

J A PÉREZ

LIDERAZGO
y CAPITAL INFLUYENTE

J A PÉREZ

LIDERAZGO
INSPIRACIONAL

J A PÉREZ

LIDERAZGO
TRANSPARENTE

J A PÉREZ

LIDERAZGO
y SISTEMAS

J A PÉREZ

LIDERAZGO
y DESARROLLOS

J A PÉREZ

LIDERAZGO
INVISIBLE

J A PÉREZ

LIDERAZGO
y LEGADO

J A PÉREZ

Series Conferencias

Discipulado para Nuevos Creyentes y Estudios de Grupos

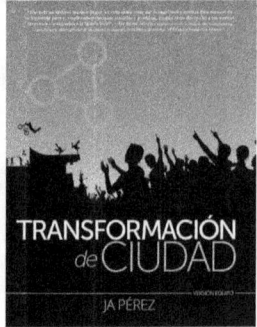

Liderazgo, Gobierno y Diplomacia

Inspiración y Creatividad en Liderazgo

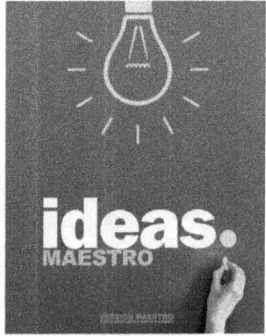

Temas Varios

Crecimiento Espiritual, Principios de Vida y Relaciones — Recientes

Profecía Bíblica   Teología

Evangelismo y Colaboración

AHORA
que estoy en
CRISTO

JA PÉREZ

COMO
COMPARTIR
LAS
BUENAS
NOTICIAS

JA PÉREZ

Cosecha
latinoamerica

EVANGELISMO
EFECTIVO

JORGE ARMANDO PÉREZ VENÁNCIO

JA PÉREZ

JUNTOS
XEL
CONTINENTE

JA PÉREZ

JUNTOS
XEL
CONTINENTE
VERSIÓN: PASTORES

JA PÉREZ

Festivales y
Concentraciones

Juntos En la Jornada

Festivales y
Concentraciones

Juntos En la Cosecha

JUNTOS

Festivales y
Concentraciones

Juntos Concejo
Internacional

Devocionales

Ficción, Historietas

100
DÍAS de DOMINGO, REFLEXIÓN Y ORACIÓN
J.A. PÉREZ

100
DÍAS de
MILAGROS
JA PÉREZ

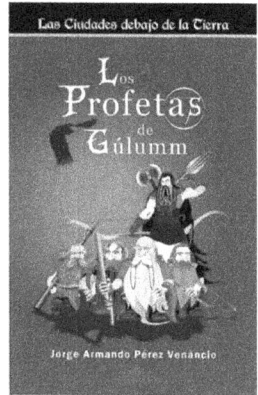

Las Ciudades debajo de la Tierra
Los
Profetas
de
Gúlumm

Jorge Armando Pérez Venancio

Crecimiento Espiritual, Principios de Vida y Relaciones — Clásicos

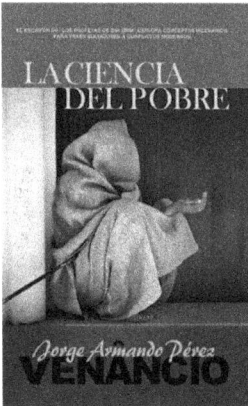

LA CIENCIA
DEL POBRE
Jorge Armando Pérez
VENANCIO

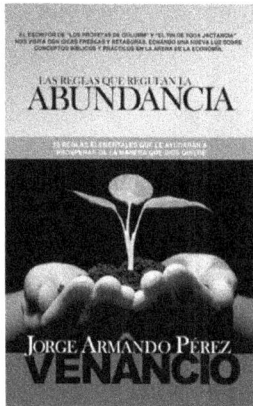

LAS REGLAS QUE REGULAN LA
ABUNDANCIA
JORGE ARMANDO PÉREZ
VENANCIO

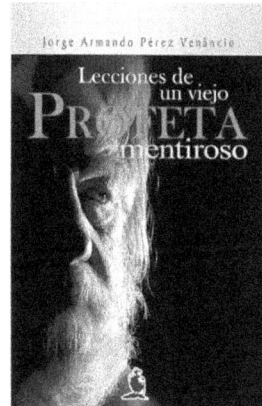

Jorge Armando Pérez Venancio
Lecciones de
un viejo
PROFETA
mentiroso

EL FIN
de TODA
JACTANCIA
EXALTANDO LA COMPLETA
OBRA DE JESUCRISTO
JORGE ARMANDO PÉREZ VENANCIO

Las
Suegras
7 principios para mejorar la relación con nuestra suegra
Jorge Armando Pérez Venancio

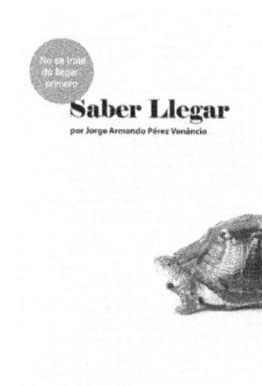

No se trata
de llegar
primero
Saber Llegar
por Jorge Armando Pérez Venancio

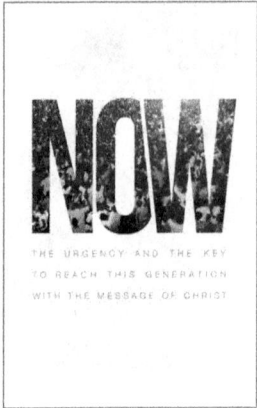

English

Evangelism and Collaboration

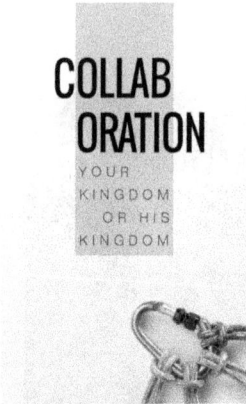

Contacte / siga al autor

Blog personal y redes sociales

japerez.com

@japereznow

facebook.com/japereznow

Asociación JA Pérez

japerez.org

Keen Sight Books